Charles Szekely

La connaissance et le service de Dieu

Printed by Books on Demand GmbH, Norderstedt / Germany

Charles Szekely

La connaissance et le service de Dieu

Introduction dans la science de Christ

Éditions Croix du Salut

Imprint
Any brand names and product names mentioned in this book are subject to trademark, brand or patent protection and are trademarks or registered trademarks of their respective holders. The use of brand names, product names, common names, trade names, product descriptions etc. even without a particular marking in this work is in no way to be construed to mean that such names may be regarded as unrestricted in respect of trademark and brand protection legislation and could thus be used by anyone.

Cover image: www.ingimage.com

Publisher:
Éditions Croix du Salut
is a trademark of
Dodo Books Indian Ocean Ltd. and OmniScriptum S.R.L publishing group

120 High Road, East Finchley, London, N2 9ED, United Kingdom
Str. Armeneasca 28/1, office 1, Chisinau MD-2012, Republic of Moldova, Europe
Printed at: see last page
ISBN: 978-620-6-16859-1

Préface

Contrairement à l'opinion générale, le langage des Saintes Ecritures n'est point compréhensible dans ses profondeurs pour tout le monde. Questionné sur la raison pour laquelle il parlait en paraboles à la foule, Jésus répondit à ses disciples : « Parce qu'il vous a été donné de connître les mystères du royaume des cieux, et que cela ne leur a pas été donné. » (Matthieu 13 :11)

Certes, la Bible n'a pas été écrite afin que tout le monde la comprenne, à preuve le verset suivant : » Les Paroles de l'Éternel sont des paroles pures, un argent éprouvé sur terre au creuset, et sept fois épuré. Toi, Éternel, tu le garderas, Tu le préserveras de cette race à jamais. » (Psaume 12 :7,8)

La race à laquelle se réfère ce psaume, c'est le peuple qui hérite exclusivement des choses de la terre, mais qui n'a aucun héritage au ciel. Voilà le verset qui définit cette race : » Délivre-moi des hommes par ta main, Éternel, des hommes de ce monde. Leur part est dans la vie, et tu remplis leur ventre de tes biens. Leurs enfants sont rassasiés, et ils laissent leur superflu à leurs petits-enfants. » (Psaume 17 :14)

La justice divine exige que ceux qui ont des biens fraudés, en abondance, ici-bas, n'aient de part aux biens éternels des cieux, ni ne comprenne le langage des cieux.

Ainsi que, le long des siècles, il y eut des théologiens qui introduisirent dans le christianisme des idées étrangères à la Bible. Dans notre siècle, il y a des gens qui cherchent le Créateur, mais ils sont tombés dans le labyrinthe des religions de ce monde perdu.

En voilà deux motifs qui sous-tendent le présent ouvrage.

Ludus, le 29 octobre 2023 Charles Székely

Le labyrinthe des religions de ce monde

Autant de noms adorés et servis, autant de religions répandues dans le monde. L'apôtre Paul reconnut l'existence du polythéisme parmi les peuples, mais il n'accepta qu'un seul Dieu.

À ce propos, il écrit aux Corinthiens : » Car il est des êtres qui sont appelés dieux, soit dans le ciel, soit sur la terre, et, de fait, il y a plusieurs dieux et plusieurs seigneurs, néanmoins, pour nous, il n'y a qu'un seul Dieu, le Père, de qui viennent toutes choses et pour qui nous sommes, et un seul Seigneur, Jésus-Christ, par qui sont toutes choses et par qui nous sommes. » (1Corinthiens 8 :5,6)

Christ avait, avant son incarnation, une existence purement spirituelle, en tant que Parole de Dieu. (Jean 1 :1-14) Toutes choses proviennent du Père par l'intermédiaire de la Parole. C'est sur ce fondement que le Père est nommé Dieu et la Parole incarné est nommé Seigneur. Les dieux et les seigneurs qui n'ont point participé à l'œuvre de création n'importent point pour Paul.

L'apôtre révèle ce qu'il pense des dieux étrangers dans l'Épitre aux Corinthiens : » Que dis-je donc ? Que la viande sacrifiée aux idoles est quelque chose où qu'une idole est quelque chose ? Nullement. Je dis que ce qu'on sacrifie, on le sacrifie à des démons, et non à Dieu. » (1Corinthiens 10 :19,20)

Après la chute adamique, les anges déchus s'érigèrent en dieux, parce que Satan a reçu la domination de ce monde. (Jean 14 :30) La violence et la perversion de la population de ce monde reflètent la connaissance de Satan. Pendant le Millénaire de Paix, quand la connaissance de Dieu aura rempli la terre comme les eaux remplissent le fond de la mer, il s'établira une harmonie parfaite entre les fauves et leurs proies. (Esaïe 11 :6-10)

C'est alors que la connaissance de Dieu remplacera totalement la connaissance de Satan ici-bas. Maintenant, les hommes ressemblent plus aux démons qu'ils adorent qu'ils ne ressemblent au Dieu créateur.

Le Seigneur Jésus est venu du ciel, en naissant de femme, pour rendre témoignage à la vérité, c'est-à-dire, pour découvrir le vrai Dieu vivant aux nations. En conversant avec Pilate, le gouverneur romain, il a dit : » Tu le dis, je suis roi. Je suis né et je suis venu dans le monde pour rendre témoignage à la vérité. Quiconque est de la vérité écoute ma voix. » (Jean 18 :37)

La vérité, c'est le Seigneur Jésus. (Jean 14 :6) À son tour, Jésus est né de l'Esprit de Dieu, qui est nommée vérité. (Luc 1 :35, 1Jean 5 :3) En fin de compte, l'Evangile est vérité :(Jean 17 :17) Jésus est venu pour découvrir au monde le Père, la vérité absolue.

Christ, la seule voie qui mène au Père

Le Père étant la vérité absolue, la voie qui mène à lui doit être aussi quelque chose de Lui. Christ, dans son esprit est Dieu, dans son corps, est homme.

Cette chose est formellement annoncée dans le premier chapitre de l'Épitre adressée aux Romains. « Paul, serviteur de Jésus-Christ, appelé à être apôtre, mis à part pour annoncer l'Évangile de Dieu, Évangile qui avait été promis auparavant de la part de Dieu par ses prophètes dans les saintes Ecritures. Il concerne son Fils, né de la postérité de David, selon la chair, déclaré Fils de Dieu avec puissance, selon l'Esprit de la sainteté, par la résurrection d'entre les morts, Jésus-Christ notre Seigneur. » (Romains 1 :1-4)

La double nature de Jésus-Christ est souvent oubliée par les chrétiens et même par les ministres de la Parole. Les uns le considèrent seulement un bon maître et prophète, les autres le considèrent Dieu qui avait pris à l'œuvre de la création. Or, son secret consiste dans le fait qu'il est Dieu et homme à la fois. Avant son incarnation, il était la Parole créatrice, après son incarnation, el est devenu le Fils de David, propre à être sacrifié pour les péchés du monde. Personne de plus capable de relier l'humanité avec son Créateur.

C'est sur ce fondement que le Seigneur Jésus a fait une déclaration mémorable : » Je suis le chemin, la vérité et la vie. Nul ne vient au Père que par moi. » Cette déclaration réduit au néant les autres chemins qui prétendent conduire à Dieu.

Mais le Père, qui est Saint, ne reçoit pas les pécheurs. Il faut que les gens élus soient purifiés et sanctifiés. Les instruments qui y servent sont la Parole de l'Évangile, le sang de Christ, la repentance, la foi, le baptême et l'Esprit de Dieu.

L'Evangile, la repentance, la foi et le baptême

L'Évangile, c'est la Parole de Dieu, apportée par Christ. » Car la Loi a été donnée par Moïse, la grâce et la vérité sont venues par Jésus-Christ. (Jean1 :17) l'Évangile, c'est donc la Parole de la Grâce et de la justice divines.

L'apôtre Paul fait la distinction entre la Parole de Dieu annoncée par les prophètes et celle annoncée par le Fils. « Après avoir autrefois, à plusieurs reprises et de plusieurs manières, parlé à nos pères par les prophètes, Dieu, dans ces derniers temps, nous a parlé par le Fils. Il l'a établi héritier de toutes choses, par lui il a aussi créé l'univers. Le Fils est le reflet de sa gloire et l'empreinte de sa personne, et il soutient toutes choses par sa parole puissante. » (Hébreux 1 :1-3)

La parole de Dieu qui nous est parvenue par le Fils répand l'Esprit de grâce, elle fait possible la réconciliation du Créateur avec ses créatures. Elle ne se superpose point à la parole de la Loi. Par conséquent, lorsque le Seigneur insiste sur l'obéissance à sa parole, Il pense aux discours qu'Il avait prononcés en qualité d'homme et Dieu à la fois. (Jean 14 :21, Matthieu 28 :18-20)

D'aucuns disent que Christ enjoignit que les gens de foi respectent le jour de Sabbat. Rien de plus faux. Celui qui a apporté la grâce sur la terre, n'agrée point que ses disciples soient pleins de l'Esprit de la Loi, apporté par Moïse. (Luc 9 :54-56)

Il est instructif de savoir ce que le Seigneur dit de sa propre Parole : » C'est l'Esprit qui vivifie, la chair ne sert à rien. Les paroles que je vous ai dites sont esprit et vie. » (Jean 6 :63) Dans le Royaume des Cieux, tout est esprit : le Père, roi de l'Univers, le Fils, seul médiateur entre le Roi et ses sujets, les citoyens, surnommés « anges » lorsqu'ils partent en mission, les arbres et les fleurs etc.

Dans un Psaume, on lit concernant Dieu : » Il envoya sa parole et les guérit, Il les fit échapper de la fosse. » (Psaume 107 :20)

Il mérite de rendre encore ce que Paul découvre sur la Parole divine : » Car la parole de Dieu est vivante et efficace, plus tranchante qu'une épée quelconque à deux tranchants, pénétrante jusqu'à partager âme et esprit, jointures et moelles. Elle juge les sentiments et les pensées du cœur. » (Hébreux 4 :12)

Ceux qui ne savent point ces choses sur la Parole divine, la négligent, se disant qu'elle est vaine. Reçue avec honneur, la Parole de l'Evangile se transforme, dans le cœur, en foi salvatrice.

La foi salvatrice

L'apôtre Paul a été versé dans la grâce divine. Il enseigne à ce propos : » Car c'est par la grâce que vous êtes sauvés, par le moyen de la foi. Et cela ne vient pas de vous, c'est le don de Dieu. » (Ephésiens 2 :8)

L'apôtre instruit que la foi vient de ce qu'on entend, étant à l'écoute de l'Évangile. (Romains 10 :17) Or, le noyau de l'Évangile, c'est Jésus-Christ. C'est Lui qui est notre foi. Notre foi est concentrée en deux versets de l'Épître aux Romains : » Si tu confesses de ta bouche le Seigneur Jésus et si tu crois dans ton cœur que Dieu l'a ressuscité des morts, tu seras sauvé. Car c'est en croyant du cœur qu'on parvient à la justice et c'est en confessant de la bouche qu'on parvient au salut. » (Romains 10 :9,10)

La formation de la foi est précédée obligatoirement par la repentance. L'homme né en péché se repent d'être né en hostilité avec Dieu et d'avoir marché dans des voies hostiles à l'Éternel. L'état de péché de l'homme naturel se voit dans le miroir de la Loi.

À tout pas, l'homme transgresse la Loi. Par exemple, la Loi prescrit l'amour du semblable, mais l'homme naturel s'entête à le haïr. L'homme doit se repentir de cette haine.

En lisant l'Évangile, on se rend compte de son état de péché et de son hostilité envers Dieu. La réconciliation entre les créatures et le Créateur s'impose. (2Corinthiens 5 :19) Dans ce but, l'homme avisé se repent et appelle en secours le nom de Jésus. L'homme né en péché a besoin d'un Sauveur. Ceux qui se considèrent exempts de péché n'ont point besoin de foi salvatrice. On annonce donc le nom de Jésus parmi les pécheurs, afin qu'ils se repentent et soient sauvés par le sang de Christ.

La foi provenue de la Parole de l'Évangile est un Esprit de nature christique. Cette idée ressort du verset suivant : » Et comme nous avons le même esprit de foi qui est exprimé dans cette parole de l'Écriture : J'ai cru, c'est pourquoi j'ai parlé, nous aussi nous croyons, et c'est pour cela que nous parlons. » (2Corinthiens 4 :13)

Chaque homme ayant la foi parle de son Sauveur avec plaisir à qui que ce soit. Il lui arrive à en parler aussi dans l'eau du baptême.

L'eau du baptême appartient à ceux qui croient en Christ et sont en état de lui rendre témoignage devant un public en fête.

Le baptême se présente comme la finalité d'une série de transformations, marquées par l'Évangile, la repentance, le sang de Christ et la foi salvatrice.

L'Évangile tamise son auditoire, selon les sentiments et les pensées des cœurs. Sa parole enfante un esprit nouveau dans les coeurs qui la reçoivent avec joie. Pierre qui fait mention de la régénération par une semence incorruptible, par la parole vivante et permanente de Dieu, en savait plus. (1Pierre 1 :23)

Le baptême dans l'eau n'influe seulement pas sur l'esprit de l'homme, mais aussi sur la trinité humaine, composée d'esprit, d'âme et de corps. (1Thessaloniciens 5 :23) C'est une naissance issue de la mort.

En effet, on est baptisé dans la mort de Jésus le Seigneur. (Romains 6 :7-10) Le catéchumène rend témoignage au Seigneur, après quoi le baptiseur le plonge dans la mort de Jésus, au nom du Père, du Fils et du Saint Esprit. (Matthieu 28 :18-20)

Au moment où le candidat est submergé d'eau, il meurt avec Christ sur la croix de Golgotha. Au moment où il se redresse, il ressuscite avec Christ le troisième jour. (Golossiens 2 :11,12) Cela veut dire que le croyant s'unit, dans l'eau, avec le Christ crucifié et aussi avec le Christ ressuscité. S'étant uni à lui dans la mort et dans la résurrection, le chrétien devient une seule plante avec son Seigneur : il entré dans la Maison de Dieu.(Hébreux 3 :5,6)

Le portement de croix comme moyen de servir Dieu

Certains Juifs ont montré à Jésus leur intérêt pour le service de Dieu. : » Ils lui dirent : Que devons-nous faire pour accomplir les œuvres de Dieu ? Jésus leur répondit : L'œuvre de Dieu, c'est que vous croyiez en celui qu'il a envoyé. » (Jean 6 :28,29) Par conséquent, Dieu est servi par la foi en Christ. On le sert en suivant son Fils.

Christ ne nous laisse pas en doute concernant sa voie. Voilà ce qu'il en dit : » Si quelqu'un veut venir après moi, qu'il renonce à lui-même, qu'il se charge chaque jour de sa croix et qu'il me suive. » (Luc 9 :23)

Après la naissance d'eau et d'Esprit, le chrétien ne perd totalement pas sa nature charnelle qui est en rapport d'hostilité avec le Saint Esprit. (Galates 5 :17) La croix de Christ, procurée dans l'eau du baptême, sert à éliminer les convoitises qui donnent naissance aux œuvres de la chair. (Galates 5 :19-21)

La clef du portement de croix se retrouve dans le verset 11 du chapitre 6 de l'Épître adressée aux Romains : » Ainsi vous-mêmes, regardez-vous comme morts au péché et comme vivants pour Dieu, en Jésus-Christ. »

Par exemple, dans une circonstance où le chrétien a la possibilité de commettre l'adultère, il se regarde, en Christ, comme mort à la convoitise qui le tente et il échappe à l'adultère par la simple raison qu'un mort est dans l'impossibilité de commettre l'adultère.

Après la mort en Christ, il suit la résurrection en Christ. La personne qui s'est regardée comme morte en Christ a part à l'Esprit de résurrection. Cela veut dire que le Christ ressuscité pense, parle et agit par elle.

Le but que Dieu suit par notre portement de croix, c'est que nous échappions du terrain où la loi du péché et de la mort agit et que nous entrions sur le terrain où domine la loi de l'Esprit de vie en Christ ,c'est-à-dire, l'Esprit de la Résurrection. Le terrain de la loi du péché et de la mort, c'est la chair, le terrain de la loi de l'esprit de vie, c'est l'Esprit de la résurrection. Toutes les fois que je suis tenté, je dois mourir en Christ, par la foi, et puis je dois, de même, ressusciter en Christ afin de mener une vie sans péché et agréable au Père. (Romains 8 :1,2)

Le portement de croix me préserve aussi des courses de ce monde frauduleux : le renom, l'argent, les distractions, les excès de la table, l'extravagance, la corruption. Je suis mort en Christ à l'égard de toutes ces choses.

« Pour ce qui me concerne, loin de moi la pensée de me glorifier d'autre chose que de la croix de notre Seigneur Jésus-Christ, par qui le mode est crucifié pour moi, comme je le suis pour le monde. » (Galates 6 :14)

Le portement de croix se prouve de même très utile dans des moments fâcheux : maladie, hostilité, persécution. Je suis mort en Christ pour toutes ces choses. Par exemple, lorsque je me regarde comme mort en Christ envers une certaine maladie, l'Esprit de Résurrection me porte dans la salle du Trône, où Christ est assis auprès du Père. Et moi, je suis en Christ. (Colossiens 3 :1-4) C'est une perspective qui affaiblit les douleurs. De même le Seigneur, lorsqu'il se trouvait, sur la croix, il pensait à la gloire qui l'attendait au Ciel.

Le nom de Dieu et la toute-puissance qu'il porte

Pour connaître une personne, il faut tout d'abord savoir son nom. Ensuite, il faut savoir ce qu'il fait. Enfin, il faut pénétrer dans son monde intérieur afin de pouvoir l'imiter.

Paissant les brebis de son beau-père, Moïse perçoit un buisson en feu qui ne se consume pas. (Exode, chapitre 3) À cette occasion, il cause avec Dieu qui l'envoie en mission en Egypte. Moïse s'intéressait à son nom. « Dieu dit à Moïse : Je suis celui qui suis. Et il ajouta : C'est ainsi que tu répondras aux enfants d'Israël : Celui qui s'appelle « Je suis » m'a envoyé vers vous. »

Contrairement aux ministres charnels hantés de pensées humaines, qui disent que le Créateur, après l'œuvre de création, a abandonné le monde, Paul dit qu'Il reste dans ses créatures par son Esprit de vie. (Actes des Apôtres 17 :28)

Notre aïeul, Adam n'était au début qu'une statue de terre rouge, mais ayant reçu le souffle divin, il est devenu un être humain. Tant que ce souffle reste en homme, il vit. Lorsque l'Éternel lui retire son souffle (Esprit), l'homme meurt. Ce qui fournit la vie à tous les êtres, c'est l'Esprit de Dieu. L'Éternel existe dans toutes ses créatures. Les créatures n'existent pas par elles-mêmes. C'est donc la signification de son Nom : Je suis, en hébraïque, Yahweh.

Totalement d'accord avec ce qui vient d'être dit, Paul, méditant sur la Divinité, affirme : » Il y a un seul Seigneur, une seule foi, un seul baptême, un seul Dieu et Père de tous, qui est au-dessus de tous, et parmi tous, et en tous. » (Ephésiens 4 :5)

En fin de compte, Dieu se retrouve dans toutes ses créatures et dans l'espace qui les entourent. Il fait tout ce qu'il veut, tout ce qui est digne de Lui et pour la gloire de son Nom. (Psaume 115 :3) Mais il empêche de se produire tout ce qui n'a pas été pris dans ses plans.

C'est Lui qui a renfermé tous les hommes dans la désobéissance pour faire miséricorde à tous. (Romains 11 :32) Cela veut dire qu'Il a prévu la chute adamique, mais aussi le sacrifice de Jésus. Il tient donc sous contrôle tous les événements.

Dans l'intention d'illustrer la toute-puissance de Dieu, Jésus le Seigneur tint à préciser les choses suivants :» Ne vend-on pas deux passereaux pour un sou ? Cependant il n'en tombe pas un à terre sans la volonté de votre Père. Et même vos cheveux sont tous comptés. Ne craignez doc point : vous valez plus que beaucoup de passereaux. » (Matthieu 10 :29-31)

La Sainte Trinité est un dogme qui suscite maintes contestations parmi ceux qui ne pénètrent point les significations du terme biblique d'esprit.

Ils prétendent que l'esprit n'est qu'une force sans aucun trait de personnalité. Pour eux, le Saint Esprit n'est qu'une énergie dont use l'Éternel.

Ils ignorent que Dieu est Esprit. (Jean 4 :24) Ils ignorent de même que le Ciel est peuplés d'esprits, que les anges sont des esprits engagés à secourir les hommes prédestinés à la vie éternelle. (Hébreux 1 :13,14)

Ils ne savent point que le Saint Esprit est un autre consolateur qui remplace Jésus sur la Terre, conduisant les croyants dans toute la vérité des Écritures. (Jean 14 :15-17 ;16 :13)

Les contestataires allèguent le fait que les Écritures ne contiennent guère cette expression de Sainte Trinité. Le Seigneur, avant la venue du Saint Esprit, a mis en garde ses disciples en disant : » J 'ai encore beaucoup de choses à vous dire, mais vous ne pouvez pas les porter maintenant. » (Jean 16 :12) Parmi ces choses figure aussi la doctrine de la Sainte Trinité.

Au début de la création actuelle, Dieu a dit : » Que la lumière soit. Et la lumière fut. » (Genèse 1 :3) Le Seigneur Jésus fit un jour une déclaration importante : » Pendant que je suis dans le monde, je suis la lumière du monde. » (Jean 9 :5)

Avant la parution de la Lumière, Dieu créa les cieux et la Terre, sans prononcer mot. (Genèse 1 :1,2) En autre lieu, on lit : » C'est par la foi que nous reconnaissons que l'univers a été formé par la parole de Dieu, en sorte que ce qu'on voit n'a pas été fait de choses visibles. » (Hébreux 11 :3) On en déduit que la Parole existait avant la parution de la Lumière. Dieu communiquait avec la population du Ciel intérieurement, sans prononcer mot par la bouche.

La priorité de la première parole articulée, apparaît dans l'Épitre aux Colossiens : » Le Fils est l'image du Dieu invisible, le premier-né de toute la création. Car en lui ont été créées toutes les choses qui sont dans les cieux et sur la terre, les visibles et les invisibles, trônes, dignités, dominations, autorités. Tout a été créé par lui et pour lui. Il est avant toutes choses, et toutes choses subsistent en lui. » (Colossiens 1 :15-17)

Christ est donc la première parole qui a quitté la bouche du Père. Il a tous les avantages du fils premier-né. Il fut Fils avant son incarnation. Sa

Divinité étant indubitable, on le reconnaît comme personne divine, égale, en nature, à son Père.

Quant au Saint Esprit, comme souffle de vie, lui aussi sortit de la bouche du Père, lorsque l'Éternel dit : Que la lumière soit. Étant le premier souffle quittant la bouche de Dieu, Le Saint Esprit se réjouit des mêmes avantages que la première Parole.

Ce qui prouve sa personnalité, c'est le fait qu'on peut l'attrister. (Éphésiens 4 :29,30) Les gens méchants le blasphèment même et se couvrent ainsi d'un péché irrémissible. (Matthieu 12 :22-37) Le blasphème contre le Saint Esprit consiste à accuser un ouvrier plain d'Esprit d'avoir collaboré avec un prince des Ténèbres lors d'une chasse aux démons.

Le Saint Esprit paraît dans plusieurs versets de l'Ancien Testament comme l'Esprit de Dieu. (Genèse 1 :2) Paul suggère que l'Esprit de Dieu est dans la Gloire du Père, en disant : » l'Esprit sonde tout, même les profondeurs de Dieu. Qui donc parmi les hommes connait les choses de l'homme, si ce n'est l’esprit de l’homme qui est en lui ? De même personne ne connait les choses de Dieu, si ce n’est l’Esprit de Dieu. » (1Corinthiens 2 :10,11)

On en conclut : Si l’esprit de l’homme créé à l’image de Dieu, est en lui et connaît les choses de l’homme, pareillement l’Esprit de Dieu est en lui et connaît les choses de Dieu. Comme l’Esprit Saint est dans le Père, de même le Père est dans l’Esprit Saint qui remplit l’Univers. (Jérémie 23 :23) À ses vérités il faut joindre le fait que le Père est dans le Fils et le Fils est dans le Père. (Jean 10 :38)

Il y a donc trois personnes divines qui ont également participé à l’œuvre de création, ayant chacune sa propre gloire, mais se retrouvant toutefois chacune dans l’autre. L’unité de la Sainte Trinité est due à l’Esprit de vie, éternel, tout-puissant et royal qui se retrouve dans trois personnes divines. À mentionner que le Fils et l’Esprit appartiennent organiquement au Père.

Quant à l’autorité, le Père est plus grand que le Fils, et le Fils est plus grand que l’Esprit. (Jean 14 :29,

Jean 16 :13-15) Les gens remplis d'Esprit Saint glorifient Christ.

Il n'y a pas une chose sur la terre qui ressemble à la Sainte Trinité, si ce n'est l'eau. Aux pôles, elle se hausse en montagnes, dans les vallées elle court comme une rivière, dans le ciel, elle flotte comme une nue.

Le dogme de la prédestination divine

Cet enseignement fondé sur la Bible a soulevé, au fil des siècles maintes contestations parmi les théologiens et les ministres de la Parole. Il consiste à déclarer que Dieu prédétermine aussi bien le sort terrestre, passager, de l'homme, que son sort éternel, celui-ci dépendant de celui-là.

Cette théorie a été élaborée par deux auteurs : saint Augustin et Jean Calvin. Augustin a comme point de départ la toute-puissance de Dieu qui le conduit inéluctablement à la théorie de la prédestination.

L'Éternel a comme titre « l'Alpha et l'Oméga », le commencement et la fin. (Apocalypse 1 :8) Tous les événements de la vie sur la Terre et ceux de l'Univers dépendent de Lui. Il a projeté tout et veille à accomplir tout ce qu'il a projeté. (Jérémie 1 :11,12) Rien de ce qui n'a pas été projeté par Lui n'a aucune chance de se produire. La théorie de la toute-puissance divine exclut le hasard.

Par conséquent, le salut de l'âme de chaque homme et l'œuvre intentionnée de Dieu. Il ne se doit point au hasard. L'Éternel donne à chacun la volonté et la réussite selon son bon plaisir. (Philippiens 2 :13)

Pour ce qui concerne Jean Calvin, il a construit sa théorie sur l'Épitre aux Romains, chapitre 9. (Institutio religionis christianae, chapitre 27)

La prédestination s'impose comme incontestable dans les versets suivants : » Le potier n'est-il pas maître de l'argile pour faire avec la même masse un vase d'honneur et un vase d'un usage ordinaire ? Et que dire, si Dieu, voulant montrer sa colère et faire connaître sa puissance, a supporté avec grande patience des vases de colère prêts pour la perdition, et s'il a voulu faire connaître la richesse de sa gloire envers des vases de miséricorde, qu'il a d'avance préparés pour la gloire ? » (v.21-23)

Ce texte est devenu une pierre d'achoppement pour plusieurs. Ils prétendent que le potier divin transforme les vases humains en vases d'honneur et en vases d'un usage vil, après leur naissance en corps. Alors que, ce texte s'ancre dans la fabrication physique de l'homme. Chaque nourrisson naît comme un vase d'honneur ou bien comme un vase d'un usage vil.

Le verset suivant en dit long :» Les méchants sont pervertis dès le sein maternel, les menteurs s'égarent au sortir du ventre de leur mère. » (Psaume 58 !4) On prêche, er à base biblique, que tous sont corrompus, tous sont pervertis, afin de forcer la repentance en masse. Mais ils oublient que Dieu préserve toujours du Malin sept mille hommes qui ne plient point le genou devant Baal et ne l'embrassent point. (1Rois 19 :18) Il préserve ceux qui lui appartiennent, qui sont justes devant Lui. Ainsi que tout le monde n'est point corrompu, ni pervers. Dieu crée de nos jours aussi des vases d'honneur et des vases d'un usage vil, les uns destinés à hériter de la gloire, les autres destinés à hériter la colère.

Calvin n'a point cherché à trouver la raison de la prédestination et il interdisait qu'on la cherche. Mais, par la grâce de Dieu, je l'ai trouvé dans la Parabole de l'ivraie. (Matthieu 13 :24 :43) C'est alors que je me suis décidé à lire Calvin. Auparavant je m y'opposais comme ministre pentecôtiste à Calvin.

La Parabole de l'ivraie se compose de deux parties : le récit et les instructions de Christ pour mieux le comprendre. Deux autres paraboles sont intercalées dans ce passage : celle du grain de sénevé et celle du levain. Il y attire l'attention le suivant éclaircissement : « Jésus dit à la foule toutes ces choses, et il ne lui parlait point sans paraboles afin que s'accomplisse ce qui avait été annoncé par le prophète : J'ouvrirai ma bouche en paraboles, et je publierai des choses cachées depuis la création du monde. » (Matthieu 13 :34,35) Il s'y agit donc d'une chose cachée depuis la création du monde.

Tous les exégètes de cette parabole, mis en erreur par l'emploi de l'expression « Fils de l'homme », la traite comme une histoire qui a eu lieu après l'incarnation de la Parole. Et ils échouent tous dans leur commentaire.

Le récit présente un agriculteur qui avait semé du blé dans sa terre. La nuit, son ennemi vint et sema de l'ivraie parmi le blé. Les serviteurs du maître proposèrent d'arracher l'ivraie et de le brûler. Le maître s'y opposa, car il voulait laisser ensemble le blé et l'ivraie jusqu' à la moisson.

Les instructions d'interprétation doivent être rapportées à l'aube de la création, selon le verset 35. « Celui qui sème la bonne semence, c'est le Fils de l'homme ; le champ, c'est le monde ; la bonne semence, ce sont les fils du royaume ; l'ivraie, ce sont les fils du Malin ; l'ennemi qui l'a semée, c'est le diable ; la moisson, c'est la fin du monde, les moissonneurs, ce sont les anges. Or, comme on arrache l'ivraie et qu'on la jette au feu, il en sera de même à la fin du monde. Le Fils de l'homme enverra ses anges qui arracheront de son royaume tous les scandales et ceux qui commettent l'iniquité, et les jetteront dans la fournaise ardente, où il y aura des pleurs et des grincements de dents. Alors les justes resplendiront comme le soleil dans le royaume de leur Père. Que celui qui a des oreilles pour entendre entendent. (Matthieu 13 :37-43)

À l’aube de la création, le Fils de l’homme avait une existence spirituelle, Il était la Parole. (Jean 1 :1-14) Il a donc semé la bonne semence dans cette qualité.

Le champ, c’est le monde. Par le terme de monde on entend l’humanité, les hommes. (Jean 3 :16) Dieu a tant aimé le monde qu’il a donné son Fils, afin que celui croit en lui ne périsse point mais qu’il ait la vie éternelle. Dieu a sacrifié son fils pour la société humaine. Au commencement, la société fut un seul homme : Adam. Son corps, tiré de la terre, fut le champ. Christ a semé dans le corps d’Adam des semences spirituelles de blé, afin qu’il en résulte, en chair adamique, des fils pour Dieu.

Le Malin, durant la nuit du péché originaire, a semé des semences spirituelles d’ivraie parmi le blé, afin qu’il en résulte des fils pour sa maison.

Voilà donc la chose cachée depuis la création du monde. Il naît sur la Terre chaque jour des bébés, les uns comme fils du royaume, les autres comme fils du diable. Caïn état du Malin. (1Jean 3 :12) Abel était un fils juste de Dieu. (Matthieu 23 :29-35)

La naissance en chair d'une semence de blé ou bien d'une semence d'ivraie influe sur la spiritualité de l'homme, qui compte dans les relations humaines. On peut s'attendre à la pitié de la part d'un homme né de blé, mais un homme né d'ivraie ne pardonne même pas à son ami. C'est ce qui fait la différence entre eux le jour du jugement dernier, où les uns seront jetés dans l'étang de feu, tandis que les autres auront miséricorde de la part du juge, leurs noms étant écrits dans le livre de vie de l'Agneau. (Apocalypse 20 :10-15)

Il n'y a aucune injustice dans la théorie de la prédestination. Dieu pardonne aux hommes nés de semences de blé, parce qu'ils se repentent, se fient au sacrifice de Jésus, et ils suivent Jésus dans cette vie. Dans l'autre vie, ils seront avec Jésus.

Ceux qui sont nés de semence d'ivraie, méprisent Jésus, le Sauveur, et l'Évangile de paix, restent séparés de Jésus dans l'autre vie, partageant le sort de leur père spirituel.

La théorie de la prédestination ne modifie en rien la voie du salut, tracée dans l'Évangile. Tous les hommes héritent du péché adamique. Il échappe de cet héritage les croyants. Il n'en échappe point les incroyants. Ceux-ci sont nés de semences d'ivraie, ceux-là sont nés de semences de blé.

La face et l'image de Dieu

À ma grande surprise, on véhicule l'avis que l'aspect de Dieu n'aurait rien de commun avec l'aspect de l'homme. Pour eux, les expressions : le cœur de Dieu, la main de Dieu, les yeux de Dieu, les oreilles de Dieu, ne disent rien. À leur avis, ces expressions ne servent qu'à sensibiliser l'auditoire. Ils ne se rendent pas compte que leur intelligence déraille. Car il est écrit : » Puis Dieu dit : Faisons l'homme à notre image, selon notre ressemblance. » (Genèse 2 :26) Plus bas on lit :» Dieu créa l'homme à son image. » (Genèse 2 :27)

Moïse, en qualité d'élu, osa demander à l'Éternel de lui montrer sa face. « L'Éternel dit : Tu ne pourras pas voir ma face, car l'homme ne peut me voir et vivre. L'Éternel dit : voici un lieu près de moi, tu te tiendras sur le rocher. Quand ma gloire passera, je te mettrai dans un creux du rocher et je te couvrirai de la main, jusqu'à ce que j'aie passé. Et alors je retournerai ma main, tu me verras par derrière, mais ma face ne pourra pas être vue. » (Exode 33 :20-23)

L'Éternel trouva une manière pour se faire montrer à son protégé. « L'Éternel descendit dans une nuée, se tint auprès de lui, et proclama le nom de l'Éternel. Et l'Éternel passa devant lui, et s'écria : l'Éternel, l'Éternel, Dieu miséricordieux et compatissant, lent à la colère et riche en bonté et en fidélité, qui conserve son amour jusqu'à mille générations, qui pardonne l'iniquité, la rébellion et le péché, mais qui ne tient point le coupable pour innocent, et qui punit l'iniquité des pères sur les enfants et sur les enfants des enfants jusqu'à la troisième et la quatrième génération. » (Exode 34 :5-7)

À retenir, que Dieu est miséricordieux, riche en bonté, lent à la colère, qui pardonne l'iniquité de ceux qui se reconnaissent comme coupables, mais punit l'iniquité des pères sur les enfants jusqu'à la quatrième génération.

En permettant la chute adamique, Dieu a donné feu vert au péché sur la terre afin que les fils du diable manifestent toute leur méchanceté et qu'ils en soient punis au jour du jugement. Mais lui-même abhorre le péché, parce qu'il n'y a pas d'iniquité en Lui. (Psaume 92 :16)

C'est tout normal, qu'un homme né d'une semence spirituelle de blé désire voir Dieu. Un jour Philippe dit à Jésus : » Seigneur, montre-nous le Père, et cela nous suffit. Jésus lui dit : Il y a si longtemps que je suis avec vous, et tu ne m'as pas connu, Philippe ? Celui qui m'a vu a vu le Père. Comment dis-tu : Montre-nous le Père ? Ne crois-tu pas que je suis dans le Père et que le Père est en moi ? Les paroles que je vous dis, je ne les dis pas de moi-même ; et le Père qui demeure en moi, c'est lui qui fait ses œuvres. » (Jean 14 :8-10)

De même que le Père est dans le Fils et le Fils est dans le Père, le disciple authentique est en Christ et Christ est dans son disciple. (Jean 17 :22,23) Grâce à l'unité en Esprit entre Christ et son disciple, tout disciple peut transmette au public un message de la part de Christ.

Le rôle de la patience et de la souffrance dans la voie de Christ

En causant avec les disciples d'Emmaüs, après sa résurrection, Jésus les avertit en ces termes : » O hommes sans intelligence, et dont le cœur est lent à croire tout ce qu'ont dit les prophètes. Ne fallait-il pas que le Christ souffre ces choses et qu'il entre dans sa gloire ? (Luc 24 :25-27)

Si l'entrée dans la gloire de Jésus, Fils de Dieu, fut condition de souffrance endurée, à combien plus forte raison l'entrée dans la gloire céleste est-elle condition de souffrance pour un simple croyant.

Dieu envoie des épreuves dans la vie de chaque serviteur de Christ afin qu'on voie la manière dont chacun assume son épreuve. Si Satan a réclamé Pierre pour le cribler comme le froment, il ose en réclamer d'autres dans le même but. (Luc 22 :31,32)

Quant à la patience, elle est nécessaire aussi bien dans les temps paisibles, que dans les temps de trouble. D'après Pierre, la patience fait partie des huit vertus qui caractérisent les élus de Dieu. (2Pierre 1 :5-7)

Pendant les persécutions, la patience assure la paix de l'âme qui la préserve de mauvais pas. De sorte qu'on gagne sa vie par la patience.

La patience aide à supporter l'humiliation à laquelle soumet Satan ceux qui persévèrent à obéir à la parole de Dieu. Le Seigneur Jésus-même, dans sa détermination d'obéir jusqu'à la mort, s'est humilié jusqu'à la mort de la croix. Comme réplique, Dieu l'a souverainement élevé, « et lui a donné un nom qui est au-dessus de tout nom, afin qu'au nom de Jésus tout genoux fléchisse dans les cieux, sur la terre et sous la terre, et que toute langue confesse que Jésus-Christ est le Seigneur à la gloire de Dieu le Père. » (Philippiens 2 :9-11)

La patience conduit à l'humiliation, et l'humiliation débouche sur l'élévation.

Les souffrances et les douleurs attachées à la vie terrestre, Paul les a vues d'une perspective céleste. Il en ressort un encouragement mémorable. Son encouragement est tout à fait exquis : « Et même si notre homme extérieur se détruit, notre homme intérieur se renouvelle de jour en jour. Car nos légères afflictions du moment présent produisent pour nous, au-delà de toute mesure, un poids éternel de gloire, parce que nous regardons, non point aux choses visibles, mais à celles qui sont invisibles, car les choses visibles sont passagères et les invisibles sont éternelles. » (2Corinthiens 4 :16-18)

Conclusions finales

Il s'impose finalement de résumer l'essentiel du présent ouvrage et de mettre en garde les lecteurs concernant les écarts qui se signales dans la pratique des gens qui se désaltèrent à la source de la Bible.

Esprit saint, éternel et tout-puissant, le Dieu Créateur est au-dessus de tous, parmi tous et en tous. Personne n'est comparable à Lui, aussi bien dans le monde invisible des esprits, que dans le monde visible des hommes.

Le Seigneur prononça un jour ces mots consolants : « Mes brebis entendent ma voix, je les connais, et elles me suivent. Je leur donne la vie éternelle, et elles ne périront jamais et personne ne les ravira de ma main. Mon Père, qui me les a données, est plus grand que tous : et personne ne peut les ravir de la main de mon Père. Moi et le Père nous sommes un. » (Jean 10 :27-30)

Ce texte comprend deux révélations de grand prix : 1. Le Père est plus grand que tous.2. Jésus et le Père sont un dans leur Esprit.

Nous en sommes arrivés à la notion de Divinité. La Bible mentionne trois personnes égales à leur Esprit : le Père, le Fils et l'Esprit Saint. L'Esprit de vie qui est dans la gloire du Père se retrouve dans le Fils er dans l'Esprit qui remplit tout l'Univers.

Le sens de base du terme d'esprit est celui de citoyen du Royaume des Cieux. (Hébreux 1 :13,14)

Les hommes qui ont tout leur héritage sur la Terre contestent l'existence de Dieu par ce qu'il, est invisible aux yeux charnels. Bien que le monde soit pleins d'objets merveilleux créés par Dieu, ces objets ne les font pas penser au Créateur.

Par exemple, l'existence de l'homme qui pense, parle, fait des projets et les réalise, ne leur inspire point l'idée qu'il se doit à un Créateur tout-puissant. En échange, ils acceptent le hasard dans la vie et dans la société.

L'enseignement relatif à la Sainte Trinité suscite des controverses dans le monde entier. Les uns en sont allés jusqu'à imaginer une personne qui a trois têtes.

Quant au dogme de la prédestination, il est contesté dans la majeure partie des cultes chrétiens. On se moque de Jean Calvin, l'incriminant d'hérésie. En faisant ça, ils jettent l'opprobre sur l'idée de la toute-puissance divine. D'ailleurs, ces contestateurs ne s'élèvent point au niveau de l'érudition du reformeur.

En général, toute connaissance transforme l'homme. À plus forte raison, la connaissance de Dieu transforme l'homme qui le cherche. Les étapes de cette transformation sont marquées par : l'Evangile, la repentance, la foi et le baptême dans l'eau. Toutes ces étapes du devenir chrétien ont été endommagées par des ouvriers déroutés.

Tout ministre de bonne volonté peut tomber en faute, mais sans se tourner contre Jésus comme seul Seigneur et Sauveur. Par exemple, Calvin a repris le baptême des petits enfants, étant prêtre catholique à l'origine. Or, le baptême s'administre sur la déclaration de foi du catéchumène. (Actes 8 :36-38) Par conséquent, les baptêmes qu'on administre aux nourrissons sont invalides. L'invalidité du baptême nuit au portement de croix, parce que les gens baptisés en leur enfance ne sont point prévus de la croix de Christ, qui se procure par la foi, dans l'eau du baptême. À l'heure actuelle, les assemblées sont pleines de « chrétiens » dénués de croix., vaincus dans le combat spirituel avec les démons.

Le combat spirituel et tout autre chose se réalise par l'emploi de la foi salvatrice, en prononçant des paroles et en accomplissant des actes. Cette foi naît au moment où l'on confesse le nom de Jésus.

Le Seigneur Jésus est le seul médiateur entre le Père et les hommes. (1Timothée 1 :5) La multiplication des médiateurs dans certaines confessions chrétiennes ne fait que diminuer l'importance de Christ. L'entrée dans la salle du Trône se fait au Nom de Jésus, par l'Esprit de la Grâce. (Ephésiens 2 :18) Il n'y a pas d'autre clé pour y entrer.

Dans cette époque où les efforts d'unification de toutes les religions du monde sont énormes, l'éclaircissement du nom de Dieu est inévitable. Christ est venu du Ciel pour sauver les appelés et les élus du labyrinthe des religions errantes.

Maintenant on entremêle ces religions en en faisant une seule pâte inconsommable. On a même lancé l'idée que toutes les religions mènent au seul Dieu créateur. Rien plus faux que ça, car les différents noms de dieux ne représentent que plusieurs anges déchus. Moïse, dans son cantique, accuse d'infidélité son peuple qui a passé au service des dieux étrangers :»Israël est devenu gras et il a regimbé. Tu es devenu gras, épais et replet. Et il a abandonné Dieu, son créateur, il a méprisé le rocher de son salut. Ils ont excité sa jalousie par des dieux étrangers, ils l'ont irrité par des abominations. » (Deutéronome 32 :15,16)

Les dieux étrangers sont des anges, ils subsistent de nos jours même. Mais Ils sont des abominations devant l'Éternel. Il n'y a aucune utilité à leur servir.

Pour ce qui est de la connaissance et du service de Dieu, il est connu et servi par sa Maison qui est en Christ. Tout se déroule sous la conduite du Saint Esprit qui habite en nous. Il nous donne la volonté et le faire, conformément à l'Évangile, tout en poursuivant la gloire du Seigneur Jésus.

L'apôtre Paul nous exhorte à tester la voie sur laquelle nous sommes : »Examinez-vous vous-mêmes pour savoir si vous êtes dans la foi, éprouvez-vous vous-mêmes. Ne reconnaissez-vous pas que Jésus-Christ est en vous ? à moins que vous ne soyez désapprouvés. (2 Corinthiens 13 :5)

Ludus, le 7 novembre 2023 Charles Székely

Printed by Books on Demand GmbH, Norderstedt / Germany